Juan Pablo Villalobos García

# *ÉTICA Y VALORES PROFESIONALES EN LA SALUD CONDUCTUAL*

Latin X Recovery LLC

*"La rectitud y la integridad son inseparables, y se caracterizan por una vida, coherente en la acción a la verdad."*

Latin X Recovery LLC.

Para más información visite el sitio web

https://latinxrecoverycenter.org/

EDITORA POETAS DE LA ERA

Diciembre 2024

Edición al cuidado de los autores.

Título: Manual: Ética y valores profesionales en la salud conductual
Autores: Juan Pablo Villalobos García y María José Matos

Versión impresa en carpeta blanda
Preparación para la publicación: Latin X Recovery LLC.
Derechos de autor ©2024 por Latin X Recovery LLC.

# Contenido

# Agradecimientos

Quiero agradecer al padre creador Dios que hoy me tiene con vida y salud, como su palabra lo dice da gracias de lo que por gracias has recibido.

De la misma manera a mi madre Xiomara Ester García, que ha sido mi apoyo desde el 1er día en mi sueño y mi carrera, por darme lo más preciado que tengo que es la vida además mis principios éticos como hombre hijo, hermano, y esposo.

A gradezco a mi padre Juan Carlos Villalobos González, que con su sabiduría y comprensión me ha enseñado grandes lecciones de vida.

Y por último a María José Matos, mi bella y amada esposa, mi compañera fiel que siempre ha estado a mi lado sin importar lo fuerte que sean las dificultades. Esta obra va dedica a ti.

# Introducción

En la antigüedad, basado en fundamentos de convivencia nombrados por Platón, Aristóteles, asociados con comportamientos para alcanzar la felicidad y la paz, con presagios basados en que es "bueno" y que es "malo", Fernando Savater hace referencia en el libro Ética para Amador: "La mentira generalmente es algo malo, que destruye la confianza en las palabras y causa enemistad entre las personas".

En el griego antiguo se dictamina "relativa al carácter de uno" o llamado en el inglés la filosofía moral. La ética ha dirigido la sociedad desde el principio de los tiempos y ha facilitado la convivencia y el desarrollo de la humanidad en tiempos inmemoriales, es por ello que en la salud conductual la ética ha regido las prácticas y funciones de los profesionales en pro de beneficiar las practicas moralmente apropiadas que buscan preservar el bienestar, dignidad, la salud y la vida de los beneficiados.

# Descripción
## del manual

Este manual está diseñado para brindar una conceptualización básica acerca de los parámetros éticos que deben seguir los especialistas certificados en el área de salud conductual, en sus diferentes categorías: como mentores, consejeros de adicciones, especialista de apoyo de pares, consejeros de juego patológico, entre otras disciplinas de salud en el área del comportamiento.

La intención es ayudar al lector a establecer conceptos básicos que puedan ayudar a comprender la ética y las diferentes limitaciones éticas, los dilemas éticos y el conjunto de reglas y estándares para la conducta de los profesionales de la salud conductual, este material se ha diseñado y fundamentado en los principios fundamentales de respeto, dignidad, responsabilidad para que el lector pueda tener una determinación conceptual mayor acerca de sus principios personales y los principios éticos de su profesión, aumentando la capacidad de lector de poder discernir en situaciones múltiples, derivadas de los aspectos éticos.

Los aspecto y apartado de este libro en el cual se desarrolla fue basado en los aspectos legales y filosóficos éticos de Mental Health and Addiction Certification Board of Oregon (MHACBO) Behavioral Health Code of Conduct, Tradicional Health Worker's (OHA) Rule 410-180-0340 Standards of Professional Conduct, además de otras incorporaciones de The Substance Abuse and Mental Health

Services Administration (SAMHSA) Ethics in Support from colleagues Balancing your lived experience and professional y apoyado el basamento legal de Oregon Department of Human Services.

La autoría de este manual pertenece a Juan Pablo Villalobos.

# I. ¿Qué es la ética?

La conducta humana constantemente se estudia y analiza, la ética se refiere a las normas morales de una persona en los diferentes ámbitos de la vida y cuáles son las conductas morales que deben ser tomadas en cuenta como positivas y buenas.

¿Qué es la ética?

La ética se refiere a un conjunto de principios, reglas u estándares para la conducta de una persona o de los miembros de una profesión

Para los proveedores de salud conductual, la ética se refiere a cómo se comportan cuando laboran o trabajan con sus participantes o con clientes, colaboradores u otros profesionales

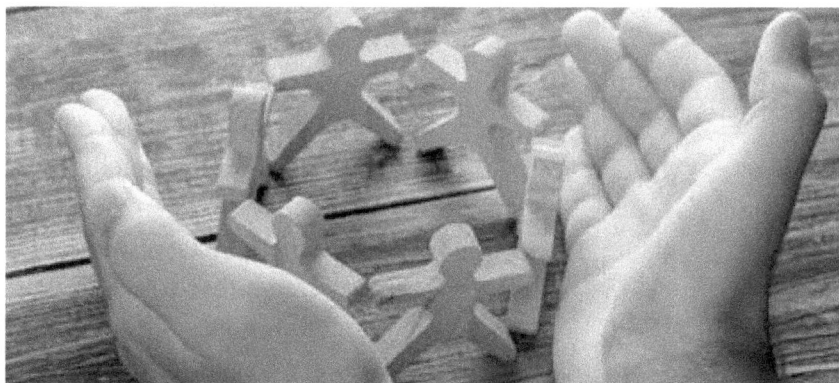

# Fundamentos de la ética

La responsabilidad ética se basa en respetar la dignidad e integridad de las personas que participan en cualquier tipo de servicio, como por ejemplo la salud conductual o alguna de sus diferentes categorías en área de la salud, cada rol o responsabilidad que se ejerce en esta area es seguido por un lineamiento legal previamente estipulado a través de leyes estatales y federales, que sirve para beneficiar el interés superior de los participantes.

## Importancia de las prácticas éticas

La ética permite guiar a las personas en los roles de la vida. En el area profesional se necesita de los lineamientos éticos para proteger a cada persona que participa en áreas profesiones, específicamente para los que brindan un servicio y a los participantes que los reciben de prevenir las violaciones éticas y morales. La ética también brinda apoya que ayuda a mantener la salud física y mental, esto debido al cumplimiento de normar y conductas moralmente aceptadas en la sociedad.

Históricamente la ética ha contribuido en proceso de modelaje profesional y personal, esto ha impactado de manera positiva en aquellas personas que presten servicios de manera más responsables y éticamente correcta, reduciendo los riegos de revocaciones y sanciones disciplina-

rias en los ámbitos laborales. Estas prácticas permiten mantener un ambientes sano, abierto y comunicativo cuando se trabaje con sus clientes, participantes u otros colaboradores.

---

El propósito de la ética
es guiarlo en su rol, como profesional

- Ayuda a mantener la seguridad física y emocional tanto para usted como para sus participantes y clientes
- Actuar como modelo a seguir, ante la sociedad y aquellas personas a las cuales les presta servicio de manera responsable y profesional
- La ética busca de protegerlo de caer en el papel de "salvador".
- La ética le ayudara a mantenerse enfocado en sus responsabilidades para con sus participantes o personas con las cuales colabora de manera adecuada, manteniendo sus límites personales y profesionales en todo momento
- Ayuda fomentar un ambiente sano, abierto y comunicativo cuando se trabaje con sus clientes, participantes u otros colaboradores

---

## ¿Qué son los dilemas éticos, cómo y cuándo se observan?

Un dilema ético es una situación en la que un profesional debe decidir entre dos o más opciones, estas decisiones pueden prevenir algún evento que rompa la ley o los parámetros previamente estipulados por su rol profesional, pero en su contra parte tomar una decisión éticamente correcta puede ayudar a mantener el orden natural del rol profesional.

Los valores juegan un parte fundamental a la hora de la toma de decisiones a cuando se abordar los dilemas éticos, con matices tan complejos como este que involucran múltiples factores, que no corresponden una consecuencia lineal. La ética y la moral son el constructo reglas que regulan el comportamiento humano el núcleo de un dilema ético subyace en tomar la decisión correcta. El tomar la decisión correcta va a depender de múltiples factores, según las políticas establecidas por su agencia u rol y priorizar el bienestar de sus participantes.

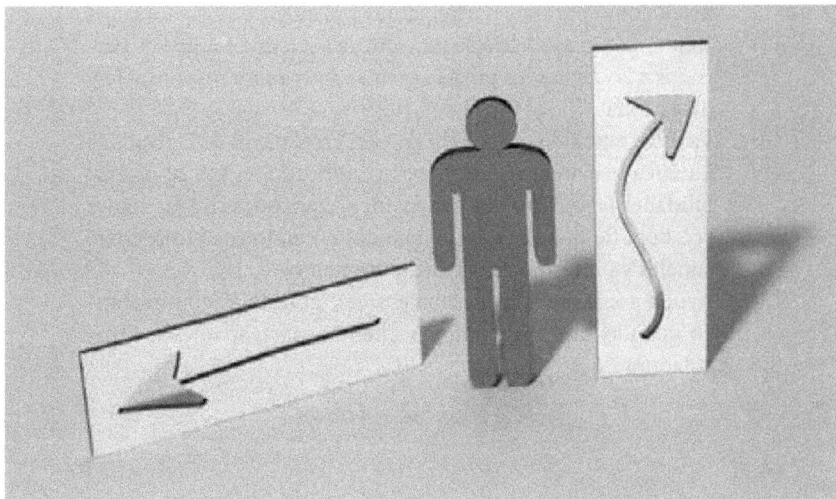

"DETERMINE, PRIORICE Y ANALICE"

# ¿QUE ES UN DILEMA ETICO?

Un *dilema ético* es una situación en la que un profesional debe decidir entre dos o más decisiones

Tomando una decisión pueda tener consecuencias éticas o violar reglas o prácticas comúnmente aceptadas, por la ley y su organización

**Tomar la mejor decisión, pensando en las necesidades del cliente es el resultado más apropiado en el núcleo de un *dilema ético*.**

Por ejemplo, un proveedor de PPS que da su propio dinero a una familia necesitada puede ayudar a la familia a corto plazo.

Sin embargo, dar dinero PERSONAL a una familia puede violar diferentes códigos de ética de su licencia y organización.

### Fronteras profesionales y personales

Esto no ayudara a la familia a largo plazo a sopesar la situación

Este escenario es un dilema ético unidireccional

La forma en que manejas los dilemas éticos de manera personal puede ser muy diferente a cómo se manejan de manera profesional.

# II. ¿Qué es un reportero mandatorio?

Los reporteros mandatorios son aquellos individuos que tiene el DEBER y OBLIGACION individual de denunciar casos o sospechas de abuso o negligencia a infantes, personas mayores y adultos con discapacidades o necesidades especiales. El término reportero mandatorio se asocia con mayor frecuencia a personas que tienen la responsabilidad de denunciar ante posibles sospechas de los hechos antes mencionados sin embargo en ocasiones si observan señales físicas verbales o psicológicas por parte de los participantes, bajo la ley y la licencia que se tenga, es obligatorio reportar de forma inmediata a las autoridades competentes. Las políticas de las agencias en este aspecto tienen un rol fundamental y esto se debe a que siempre se debe alentar a que a sus participantes o clientes se empoderen en función de realizar los reportes de manera voluntaria o que alguien del equipo apoye para realizar estos reportes

### Reportero mandatorio

¿Qué es el de informe obligatorios o Reportero mandatorio?

Si bien todos deben denunciar ante sospechas de abuso o negligencia, algunas personas de la comunidad están obligadas por ley a presentar denuncias a las autoridades.

Si se encuentran relacionadas con los siguientes individuos deben ser reportados manera obligatoria e inmediata

- Niños
- Adultos de 65 años o más
- Adultos con discapacidades del desarrollo
- Adultos con enfermedad mental
- Residentes en centros hospitalarios

En ocasiones los participantes que padecen condiciones de desórdenes de uso de sustancias pueden significar un reto a la hora de realizar este tipo de reportes o denuncias obligatorias debido a que se debe delimitar cuando un participante está procesando una conversación del pasado, de la cual no se tendría certeza de la información que se está obteniendo o cuando es un hecho que tiene que ser reportado de manera inmediata.

Se debe tener en cuenta que en diferentes circunstancias los individuos con alguna situación de salud mental agravada de categoría disociativas, psicopatías o cognitivas, suelen tener una dificultad extremadamente severa para poder delimitar el margen de información, implicar al supervisor puede ayudar en gran manera a esclarecer este tipo de casos. Durante el proceso el apoyo de un supervisor clínico o persona de mayor jerarquía en la línea de mando de las organizaciones tendrá un papel vital a la hora de orientar a otros como se debe proceder en estas situaciones.

Al momento de redactar reportes o notas acerca de las interacciones con los individuos se debe consultar primeramente a su supervisor, para establecer cuanto de esa conversación tiene una relevancia notable en proceso de recuperación o tratamiento del participante y cuanto de esta información debe ser notificada las autoridades. Históricamente las tasas más altas de revocaciones de licencias y suspensiones provienen de los dilemas éticos que se catalogan como "el corazón sobre los fundamentos de todos los servicios sociales, conductuales y salud pública"

---

Profesionales Requeridos para reportar,
Rev. Stat. §§ 419B.005;
419B.010

Un funcionario público o privado tiene el mandato de informar.

Los funcionarios públicos o privados incluyen:

- Médicos, asistentes médicos, médicos naturistas, pasantes,
- Residentes, optometristas, quiroprácticos, dentistas, enfermeras,
- Enfermeras, farmacéuticos, ayudantes de enfermería, auxiliares de enfermería
- Atención domiciliaria o empleados de servicios de salud en el hogar.
- Empleados escolares, incluidos los empleados de instituciones de publicas
- Educación superior (como colegios comunitarios y universidades públicas y privadas)
- Oficiales de libertad condicional P.O
- Miembros del clero
- Psicólogos, trabajadores sociales, consejeros profesionales,
- Terapeutas matrimoniales y familiares.

---

## Responsabilidad ética

Cada profesional de la salud conductual involucrado en el sistema de salud debe comprender la obligación que tiene, esto en función a la responsabilidad ética, la cual es informar los participantes o clientes sobre el propósito y naturaleza de cualquier servicio prestado, tratamiento u procedimiento, la responsabilidad ética va más allá de informar a nuestro participante la información apropiada y trasparente también se debe prevaler ante todo momento el bienestar de los individuos y los derechos innatos como ser humano ante cualquier circunstancia El uso de una manera autónoma y consecuente de todos los procesos utilizados y esenciales depende de los profesionales de la salud conductuales y su rol, ya que se debe incluir los principios éticos, además del marco legal, implícito en todo el proceso, que se realice.

Es importante considerar los aspectos de la responsabilidad moral y legal.

# Responsabilidad
## ética

La función ética de cada persona involucrada en el sistema de salud es informan plenamente a los participantes o clientes sobre el propósito y naturaleza de cualquier servicio prestado, tratamiento u procedimiento

Como trabajadores de salud conductual es un nuestro deber informar a los participante o cliente y que estos entiendan que están su derecho de libre de elección de aceptar los servicios o negarse a ellos .

Y de la misma manera expresar que los servicios se encuentran disponibles en cualquier momento que ellos desee ingresar a ellos.

## LÍMITES ÉTICOS PROFESIONALES Y PERSONALES

- **Los límites personales:** Son límites y reglas o parámetros que imponemos ante otras personas y en nuestras relaciones. Una persona con límites establecidos puede decir "no" a los demás cuando quiere, o no se siente cómodo con alguna situación determinada.

- **Los límites profesionales:** Se consideran como parámetros importantes dentro de la relación entre cualquier profesional de la salud conductual y cualquier otro individuo que recibe servicios. Los limites profesional deben estar presente en cada uno de los profesionales de la salud conductual, ya que son los parámetros sanos que se debe colocar el profesional, para cuidar su integridad emocional y físicas con limitaciones rígidas que apoyen el auto cuidado.

## Límites en la salud conductual

Los limites en la salud conductual y el deseo ardiente desenfrenado de querer ayudar a todas las personas puede hacerte cruzar líneas éticas sin darte cuenta y luego ya no podrás regresar ya que es un camino de una sola línea y no tiene retorno

*"Los limites profesionales son las*
*fronteras de las violaciones éticas"*

Las relaciones que se construyen en la salud conductual entre los servidores y los participantes se basa en una relación o interacción única y exclusivamente de manera profesional efectiva, pero de no existir lineamientos firmes y establecidos, en ocasiones dificulta el mantenimiento del rol profesional sujeto con las leyes por ello la relación que se desarrollan con las personas se basa en el trabajo que hacen juntos y los límites son un factor importante en la calidad y de funcionalidad de estos.

## TIPOS DE LIMITES INTERCONECTADOS
## EN LA SALUD CONDUCTUAL

- Límites Emocionales: Los sentimientos de una persona y su capacidad emocional, se derivan en cómo interpretar y expresan sus emociones.
- Límites Intelectuales: Las ideas intelectuales se derivan en la capacidad que tiene una persona para compartir y analizar las opiniones de otros.
- Límites Tiempo: Se deriva de capacidad que tiene el individuo para dividir sus espacios de tiempo profesional con su tiempo de auto cuidado personal.

# III. HIPA

La Norma de Privacidad de la Ley de Responsabilidad y Portabilidad del Seguro de Salud (Health Insurance Portability and Accountability Act, o HIPAA, por sus siglas en inglés) de 1996 establece protecciones relativas a la privacidad para la información de salud que pudiera identificar al paciente, también conocida como información de salud protegida, en manos de la mayoría de los proveedores de atención médica y planes de salud, y sus respectivos asociados de negocios en la Normas de Privacidad de la ley HIPAA, se indica cómo se debe compartir la información de salud protegida y con quién se puede compartir la norma de privacidad también otorga a las personas algunos derechos respecto de su información de salud, como, por ejemplo, el derecho a acceder o solicitar correcciones en su información.

## ¿Quién debe cumplir con la Normas de Privacidad de la Ley?

La ley HIPAA se aplica a planes de salud, oficinas de compensación para atención médica y algunos proveedores de atención médica que transmitan en forma electrónica información de salud (por ejemplo, facturación a planes de salud) A estos se les conoce como "entidades cubiertas". La Ley HIPAA considera a los hospitales y a la mayoría de las clínicas, médicos y otros profesionales de la salud como entidades cubiertas. Asimismo, la ley HIPAA protege la información de salud protegida mantenida por asociados, como, por ejemplo, servicios de facturación, entre otros, que las entidades cubiertas contraten para llevar a cabo tareas o prestar servicios que impliquen el acceso a información de salud protegida.

# IV. 42 CFR Parte 2

Las regulaciones de la Parte 2 del Título 42 del CFR (Parte 2) sirven para proteger los registros de pacientes creados por programas asistidos por el gobierno federal para el tratamiento de trastornos por uso de sustancias (SUD).

La Parte 2 ha sido revisada para facilitar aún más la coordinación de la atención en respuesta a la epidemia de opioides, manteniendo al mismo tiempo sus protecciones de confidencialidad contra la divulgación y el uso no autorizados.

–Code Of Federal Regulations–
Reference / The Substance Abuse and Mental Health Services Administration (SAMHSA)

# V. La primera Impresión
## (Historia de aprendizaje)

### REFLEXIÓN PROFESIONAL

*Del Autor Juan Pablo Villalobos García.*

*En una ocasión en alguna parte del mundo, en algún momento de mi carrera me encontraba en una reunión con múltiples profesionales de salud conductual, además de personas del área de seguridad comunitaria, junto con abogados y varias personas con rangos altos en la política. Recuerdo que en la fecha de esta reunión ya casi se acercaba el verano, sin embargo aun todos teníamos puestos nuestros trajes formales y zapatos semi formales, toda la vestimenta era acorde a las normas prestablecidas en ese lugar, y lo que el entorno previamente había establecido, pero de repente vemos que alguien toca la puerta de la oficina donde nos encontramos, ya casi estaba por empezar la reunión así que mientras todo esto pasaba en la reunión, anteriormente la junta directiva de la organización para la cual trabaja me había informado de la incorporación de nuevo supervisor, pero hasta el momento no había conversado con él ni tenía referencia alguna, del solo tenía entendido que era un hombre bastante joven, pero esto no era un aspecto muy rele-*

vante, pero lo que si llamaba poderosamente la atención era la manera como venía vestido, para la primera reunión formal antes todas las personas que antes mención, y frente al nuevo equipo que dirigiría, pero se preguntaran Juan Pablo que lleva puesto? Este hombre tenía puesto pantalones cortos zapatos de deportivos, una camisa estilo playa, con formas y logos extremadamente grandes, un atuendo de playa bastante, ¡informal y no acorde para las normas establecidas!

La impresión de todos fue de asombro, e incredulidad la persona de mayor rango que se encontraba en esa reunión se dirigió solo en una ocasión al supervisor con las palabras ¡Me gusta tu camiseta!

¿Quizás esa fue una buena primera impresión?

"Dejare eso para el análisis personal de cada uno de ustedes..."

La organización la cual me había contractado específicamente me incorporo al proyecto debido a que buscaban un trabajador conductual de la comunidad LatinX, y alguien que pudiera matizarse en un entorno muy profesional, pero con ciertas habilidades para conectar con los servicios comunitario de una manera rápida y sin barreras, en ocasiones de una manera con un lenguaje informal y para poder ser usado como un elemento de apoyo para la comunidad y el programa para la cual había sido designado.

Se preguntarán ¿Como se relaciona esta historia con las normativas éticas preestablecidas?, es importante recordar que según el entorno donde se desarrolle su rol, usted debe cumplir seguir un patrón acorde con las políticas de su posición, tanto de vestimenta y comportamiento añadido el lenguaje metodológico del trabajo.

Es importante cuidar estos aspectos manera prolija, vistiéndose de manera acorde según la ocasión lo determine, imagine que *si fuera a una reunión a nivel estatal o con legisladores intente llevar ropa formal para este tipo de evento. Pero si se encuentra en su oficina intente de la misma manera llevar un atuendo que valla acorde según las políticas de su empleador.*

# VI. Violaciones Éticas

Este material informativo, no busca ser una guía exacta de cómo evitar violaciones éticas, sin embargo, si se busca educar como se puede reducir de gran manera este tipo de prácticas, pero se sugiere que cada profesional adquiera la información relevante según sea su rol, en ninguna circunstancia se seguirse tomar a cabalidad este libro como un manual de culto.

Durante las investigaciones filosóficas de salud conductual se realizada para esta publicación se ha interpretado un margen de las violaciones éticas, se pueden contemplar en los individuos que incurren en estas, sino también, como suele estar involucrada a toda la línea de mando desde la supervisión de la organización, su dirigencia hasta los beneficiarios.

La supervisión y el establecimiento de normas claras, se considera un factor predominante en todas estas complejas fases relacionada con las violaciones de principios profesionales. Las violaciones éticas no solo se contemplan, a una relación dual o fuga que involucren la desinformación siempre hay muchos más elementos incorporados que no son evaluados de manera más apropiada, para tener la conclusión más precisa de por qué se suscita este tipo de comportamientos, que afectan de manera directa a los usuarios de los servicios

*"¿Vale la pena hacer esto?"*

Cuando recibe a un participante por primera vez en la mayoría de las veces esa persona completan un proceso de Intake o Screening según sea el caso los requerimientos básicos de cada programa, pero más allá de ser una recopilación de datos u información personal, el usuario involucrado trasfiere una serie de emociones relacionadas con la confianza, y la integridad profesional.

*"Esto se podría contemplar como*
*una trasferencia de confianza profesional."*

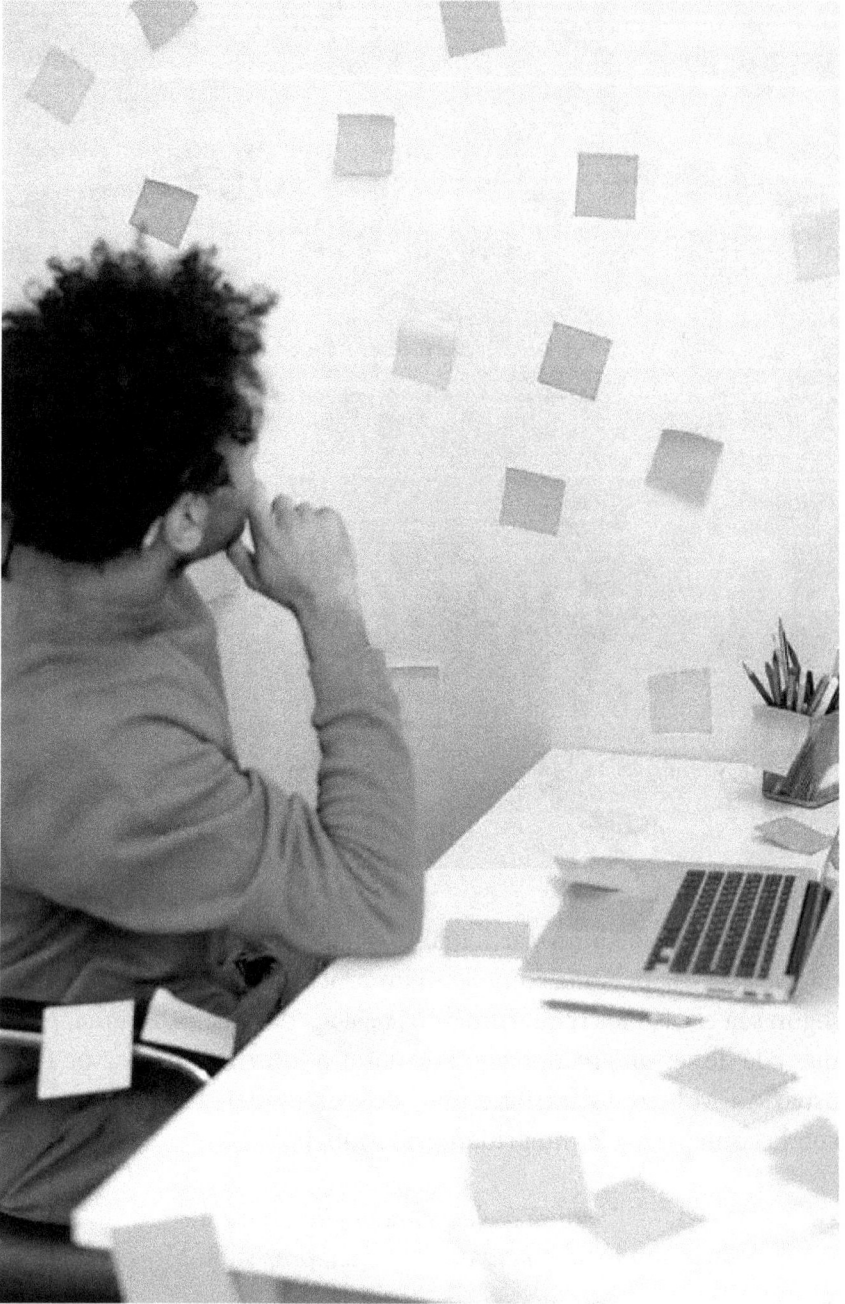

*Ética y valores profesionales en la salud conductual*

El individuo que solicita los servicios estaría en la disposición establecer un vínculo con usted profesional en función de su bienestar con usted.

## REFLEXIÓN PROFESIONAL

*Del Autor Juan Pablo Villalobos García.*

*Cuando inicie mi carrera profesional, tiempo después por segunda vez tome un entrenamiento ética profesional, en este entrenamiento compartieron un práctica que me pareció una total desfachatez, el caso era ¿cómo los trabajadores conductuales en ejerció de sus funciones podían querer a sus participantes a las cuales les presentan servicios directo como amigos en Facebook en sus perfiles personales? o de peor manera ¿aceptar regalos de sus propios participantes estando involucradas en sus servicios o vincularse a tener una relación amoroso o sexual con estos participantes?*

*Pero al darme cuenta de que no era tan descabellado y que si pasaba más mucho más de lo que yo podía imaginar me surgieron muchas preguntas:*

*¿Cuál es el motor principal de estas acciones?*

*¿Qué sentimientos le podrían hacer sentir a un trabajador conductual el realizar este tipo de acciones?*

*¿Esto impactara de manera beneficiosa a la carrera profesional de los trabajadores conductuales?*

*¿Ayudara a los trabajadores conductuales que se encuentran en recuperación?*

*Auto responder, esas preguntas quizás pueden darnos un enfoque marcado de reflexión acerca de cómo abordar ciertos desafíos y dilemas éticos. Pondríamos esto como una referencia que quizás pueda brindar un panorama claro que permita ayudar a minimizar el riesgo total de todo este tipo de circunstancias ética, que solo impactan en el deterioro profesional y personal de los individuos.*

*"Es en los momentos de decisión*
*cuando se forma tu destino"*
Tony Robbins

# VII. Funciones éticas
## cuando se trabaja en la comunidad

Cuando se encuentre en la comunidad usted representa a su organización, o institución y siempre promueva una imagen positiva de su organización y de sus compañeros de trabajo.

Se recomienda que dificultades de carácter ético de inmediato sean reportadas de inmediato para solicitar el apoyo del supervisor, evitar una escalada notable, y utilizar herramienta de resolución de conflictos efectiva.

### LENGUAJE INCLUSIVO Y ÉTICAMENTE APROPIADO

En la actualidad múltiples especialistas expresan que es más notaria las diferencias raciales y culturales, son cada día más marcadas en los en EE. UU en niveles de nacionalidad razas y étnicas sin duda implica un marguen de diversidad muy mixto. Sin embargo, también existe un gran margen educativo implícito en todo este proceso.

Se sugiere que sea sutil la hora de expresar comentarios opiniones, profesionales debido a que estos pueden convertirse en situaciones carácter ético cuestionable sobre el uso de su vocabulario y pueden causar mal entendidos de lenguajes o vocabulario ofensivo, hacia otros o los participantes involucrados en sus servicios, se recomienda manera este tipo dificultades de carácter ético de inmediato con el apoyo del supervisor, evitar una escalada notable, y utilizar herramienta de resolución de conflictos efectivas.

**BENEFICIO ÉTICO DE LA BUENA COMUNICACIÓN.**

- Genera interacciones positivas entre las personas.
- Facilita la coordinación y fluidez en las relaciones laborales cooperativas.
- Genera un ambiente de trabajo agradable.
- Evita conflictos y malentendidos.

REFLEXIÓN PROFESIONAL
Del Autor Juan Pablo Villalobos García.

*En mi caso personal mi cambio de profesional laboral y fue de manera vertiginosa debido anteriormente trabaja en una fábrica de producción de alimentos, y esto significó un cambio muy fuerte para mí en muchos aspectos de mi vida profesionales y personales, mis comportamiento y actitudes, estaban cambiando y todo esto pasaba significativamente por la manera la cual me expresaba modulaba y resaltaba mis pensamientos e ideas con otros*

*Mis herramientas de trabajo ya no era las misma que anteriormente usaba, antes mi herramienta de trabajo era una aspiradora para recoger polvo y mis productos de limpieza, ahora tenía que usar documentos formales y aprender a manejar una computadora, pero lo más complicado de todo esto pasaba por mi proceso de adaptación a la nueva etapa de mi profesión y vida.*

*Luego de haber compartido mi ejemplo personal.*

*Entremos en materia.*

*Tenemos que entender que el tiempo en el lugar y espacio laboral, al cual nos acoplamos tiene una serie de normas ya preestablecidas y estos lugares de trabajo tiene sus ritmos y parámetros, además modalidades. Es posible que su agencia tenga un código de vestimenta que tiene que ser cumplido por cada uno de sus*

*empleados, pero sin embargo cumplir estos parámetros estable-*
*cidos puede ayudar a evitar situaciones, o conflictos incomodos*
*tanto para ustedes, como para el resto de las personas que labo-*
*ran en él.*

*Compartir información acerca de su vida personal puede ayudar*
*a establecer una buena relación con sus compañeros de traba-*
*jo, pero compartir demasiado puede llegar a causar una imagen*
*contraproducente a la desea proyectar ante su entorno de tra-*
*bajo, sea prudente y maneje de manera profesional y ética para*
*evitar cualquier tipo de conflictos.*

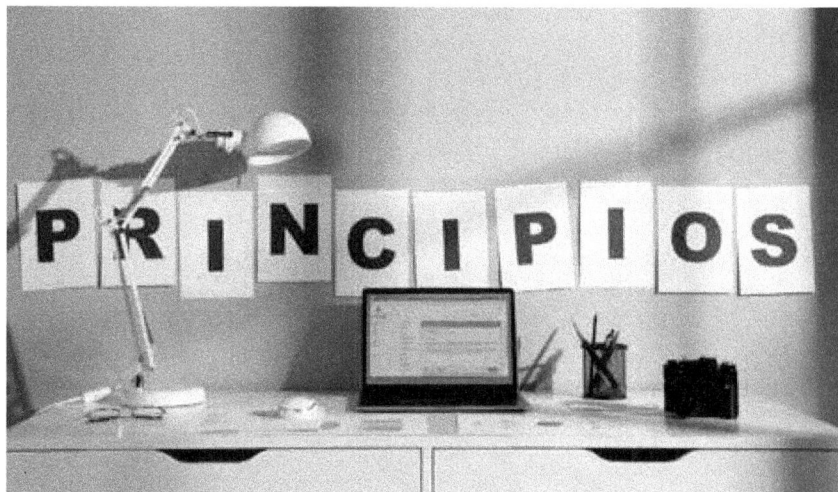

## Vocabulario y léxico en el ámbito laboral

La manera de cual usted se expresa y modula, sin duda es un aspecto para contemplar en las normas éticas laborales no escritas, evi-
te usar lenguajes vulgar y tonos de voz excesivamente altos, bajo toda
situación no utilice comentarios o frases que denigren poblaciones
específicas, y emita frases despectivas hacia sus compañeros o par-

ticipantes involucrados en sus servicios, siempre contemplen que su lenguaje corporal en ocasiones se puede impetrar, manera ofensiva.

### RECOMENDACIONES:

- Escucha activa: Presta atención a lo que comunica la otras le comunican.
- Respeto: La cordialidad mutua es indispensable para construir una comunicación efectiva.

# Observaciones finales

Durante el recorrido de este material, pudimos visitar muchos aspectos básicos de la ética profesional, laboral, además de determinantes sociales, como los dilemas éticos, responsabilidad de un buen profesional de la salud conductual ligado a la ética y los códigos de conducta.

Pero más allá de toda esta información estimado, un código no determina su comportamiento, un cumulo de reglas no determinan su proceder, cada uno de los profesionales decidirá cual decisión es más apropiada y en qué momento en es apropiado tomarla y ponerla en marcha.

Quiero exhortarte a siempre mantener un estándar ético alto y de calidad, porque es lo que define tu integridad como profesional y como ser humano, esto te separa del resto de los profesionales, te hace único invaluable, autentico y trasparente.

Tus principios éticos se deben a los clientes, participantes o beneficiarios, para actuar con sabiduría, supone un portamento leal a nuestras obligaciones, principios profesionales y éticos.

Las cualidades que define tu rol profesional están basadas, en el respeto al servicio el bienestar de todos los individuos por un bien mayor. Podemos contemplar la ética, con temor o podemos considerarla como una guía práctica de ayuda para fortalecer nuestro rol profesional, y utilizarla para llegar a un nivel profesional más alto.

"La ética y los valores le ha permitido a la humanidad, el consagramiento en su génesis como sociedad, las normas que ha llevado nuestra sociedad a el éxito, siguen vigentes en la actualidad.

¡ETICA, VALORES, MORAL y RESPETO…!

www.ingramcontent.com/pod-product-compliance
Lightning Source LLC
Chambersburg PA
CBHW060429090426
42734CB00011B/2499